Antonio Iraildo Alves de Brito

ilustrações:
Robson Araújo

CIDADANIA
em ritmo de *cordel*

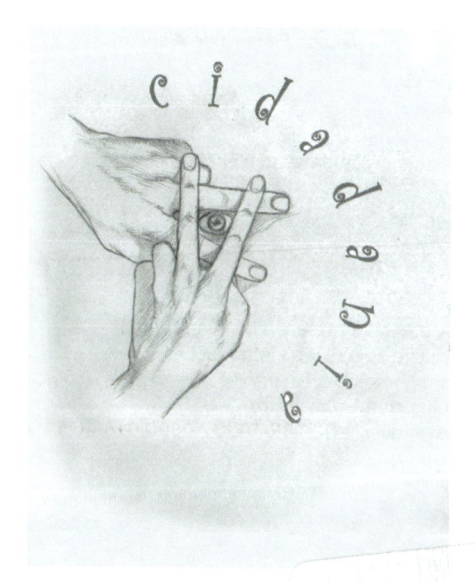

PAULUS

Dados Internacionais de Catalogação na Publicação (CIP)
(Câmara Brasileira do Livro, SP, Brasil)

Brito, Antonio Iraildo Alves de
 Cidadania em ritmo de cordel /Antonio Iraildo Alves de Brito; ilustrações Robson Araújo. — São Paulo: Paulus, 2007. — Coleção Cordel.

ISBN 978-85-349-2703-1

1. Cidadania 2. Literatura cordel I. Título.

07-1829 CDD-398.20981

Índice para catálogo sistemático:
1. Brasil: Literatura de cordel: Folclore 398.20981

Direção editorial
Paulo Bazaglia

Coordenação editorial
Jakson Ferreira de Alencar

Editoração
PAULUS

Impressão e acabamento
PAULUS

Seja um leitor preferencial **PAULUS**.
Cadastre-se e receba informações
sobre nossos lançamentos e nossas promoções:
paulus.com.br/cadastro
Televendas: **(11) 3789-4000 / 0800 016 40 11**

1ª edição, 2007
5ª reimpressão, 2022

© PAULUS – 2007
Rua Francisco Cruz, 229 • 04117-091 • São Paulo (Brasil)
Tel. (11) 5087-3700
paulus.com.br • editorial@paulus.com.br

ISBN 978-85-349-2703-1

Apresentação

A literatura de cordel, chamada de "folhas volantes" ou "folhas soltas", chegou ao Brasil por meio dos colonizadores portugueses, a partir do início do século XVII. No entanto, as fontes mais remotas dessa manifestação literária estão na Alemanha e datam dos séculos XV e XVI, quando se espalhou pela Holanda, Espanha, França e Inglaterra. Na Alemanha, os folhetos eram editados em tipografias avulsas e se destinavam ao grande público, sendo vendidos em mercados, feiras e tabernas, diante das igrejas e das universidades. Suas capas, como ainda hoje ocorre no Nordeste do Brasil, já traziam xilogravuras apresentando aspectos do tema tratado.

Só no final do século XIX, a partir de 1890, a literatura de cordel surgiu no Nordeste, onde se fixou como manifestação peculiar da cultura regional, tendo como temática desde romances tradicionais até assuntos históricos, fatos ligados à religiosidade do povo, ao misticismo, à política, desastres e crimes, ou acontecimentos da atualidade mundial; há também o ciclo heroico, destacando-se neste as histórias do cangaço nordestino e também o ciclo maravilhoso, que narra acontecimentos fantásticos.

O nome "literatura de cordel", usado no Nordeste e depois difundido em todo o Brasil, vem do fato de os folhetos serem expostos pendurados em cordões nas feiras e outros pontos de venda; mas, segundo o poeta popular nordestino Manuel Caboclo e Silva, é também por ser esta literatura "feita com as cordas do coração do poeta".

O cordel é a expressão viva da sabedoria do povo, um veículo de comunicação popular de ampla abrangência e ressonância. As pessoas ouvem rádio, veem televisão e esquecem; leem o jornal e jogam fora; mas o cordel, leem e guardam. Daí sua força extraordinária de divulgação.

A definição mais simples para esse tipo de literatura é esta: poesia narrativa, popular, impressa. Mas vale ressaltar que, apesar de ser literatura escrita, o cordel não é senão a forma gráfica da poesia essencialmente oral, cantada nas feiras e nos desafios de viola das noites sertanejas. O fato de ser escrito em verso, com estrofes de métrica e rimas constantes[1] torna o cordel um texto agradável de ler, ouvir e cantar. O tipo de estrofe mais usado nesse gênero são as sextilhas (estrofe de seis versos), onde o segundo verso rima com o quarto e este com o sexto; e a septilha, oriunda da sextilha, com acréscimo de um verso, rimado com o quinto.

É importante lembrar que a literatura de cordel, ao recolher, registrar e interpretar fatos da vida real, é preciosa fonte de informação e por isso mesmo tem sido

---

[1] Nesse volume, o autor escreveu um cordel em liberdade quanto à métrica e às rimas.

objeto de estudo de cientistas sociais e historiadores, que dedicam cada vez mais atenção às fontes populares de informação.

Por meio dessa coleção, a Paulus editora pretende dar espaço a essa genuína forma de expressão da cultura popular, em sintonia com amplos seguimentos da sociedade sensíveis a isso e que percebem que a cultura de massa cada vez mais sufoca e restringe a cultura popular e sua autenticidade. Além disso, a editora proporciona aos jovens estudantes e ao público em geral uma maneira muito interessante e agradável de tomar conhecimento de temas importantes. A despeito de quem ache que o cordel se restringe ao Nordeste, cremos que ele já ganhou todo o Brasil e pela sua riqueza e criatividade merece difundir-se ainda mais, sobretudo nesse tempo em que tanto se busca a valorização da diversidade e pluralidade cultural.

Peço neste momento
aos ancestrais do cordel
que me enviem inspiração
a fim de expor no papel
versos que falem da vida
com sabor de mel ou fel.

> Que cada palavra escrita
> provenha do coração,
> seja prenhe de sentido,
> expressa pela razão
> e comunique a verdade,
> sem dar azo à confusão.

Ao leitor e leitora peço
sua nobre atenção
a estes versos singelos,
ao assunto em questão:
cidadania em pauta,
nosso direito e ação.

> Nos processos históricos
> a cidadania se diversificou,
> seu conceito se expandiu,
> novas ideias semeou.
> Mas foi na Antiguidade
> onde tudo começou.

Um "pulo" na Grécia Antiga
pode ajudar a entender
quem lá eram cidadãos,
seus ofícios e seu dever;
a cidade como palco
do pensar e do viver.

        A pólis (cidade) grega
        é o marco original
        da concepção cidadã
        e de sua função como tal.
        Ali os homens livres
        pensam a vida social.

Foi na cidade de Atenas
que esta ideia nasceu.
Da razão do homem grego
a cidadania floresceu.
De lá pra cá se alargou,
e muito se desenvolveu.

        A pólis era, portanto,
        o espaço da discussão.
        Daí se origina a política
        como manifestação
        das relações sociais
        e meio de participação.

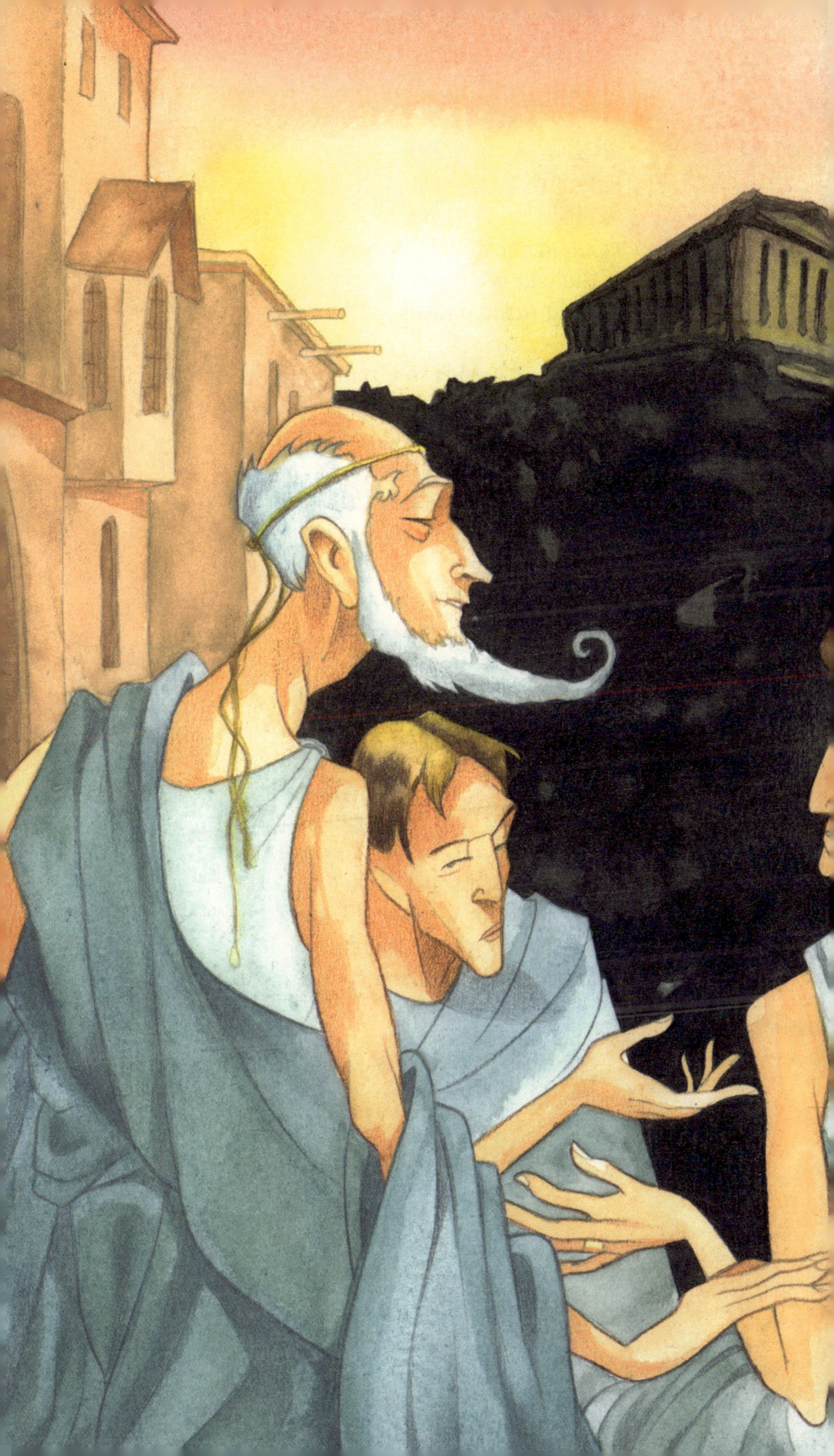

É da essência grega
o hábito de filosofar;
a busca da verdade,
a capacidade de indagar,
o diálogo interessado
para a razão aguçar.

        Mas só o indivíduo livre,
        é bom aqui ressaltar,
        podia agir na política
        e as decisões tomar
        sobre questões coletivas,
        na arte de governar.

Ser livre aqui quer dizer
tempo só para pensar,
viver sempre no ócio,
sem com as mãos trabalhar,
mas produzir conhecimento,
no exercício de filosofar.

        Para o homem grego,
        o ócio não é preguiça;
        o saber é uma missão;
        a verdade é a justiça;
        o conhecimento é vida,
        a inteligência atiça.

Embora ali o regime
fosse a democracia,
nem todos tinham voz,
pois a escravidão havia.
O privilégio da política
só ao cidadão cabia.

        E cidadãos eram bem poucos:
        cerca de 10% da população;
        portanto os outros 90%
        não podiam tomar posição,
        só os ricos e poderosos
        tinham o poder na mão.

Desse pequeno retrato
já dá para concluir
que nos rumos da pólis
poucos podiam intervir.
Só alguns privilegiados
influenciavam o devir.

        Aqui é bom observar
        e gravar bem na mente
        que a cidadania nasceu
        não para ser excludente
        e sim para gerar diálogo
        entre iguais e equivalentes.

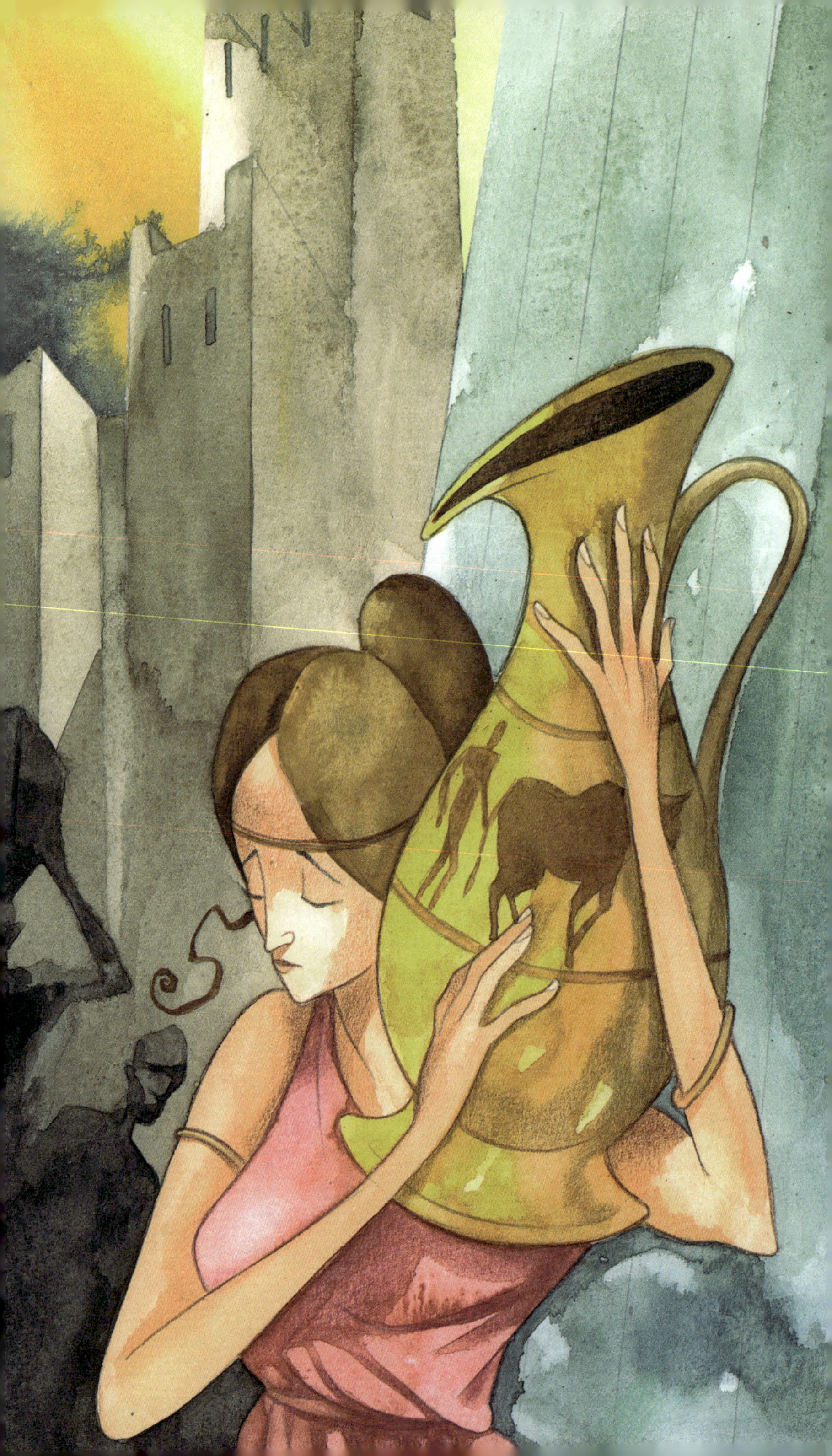

Os iguais lá eram os ricos,
donos do conhecimento,
fomentadores de ideias,
aptos para o entendimento
quanto às leis da cidade
e de sabedoria sedentos.

> O trabalho para o homem grego
> era incompatível com o pensar,
> com a produção de conhecimento,
> impedia o raciocinar,
> somente o homem livre
> podia politicar.

Escravos, mulheres, idosos
a cidadania não exerciam,
nem estrangeiros e deficientes
nesta estrutura cabiam,
muito menos as crianças
este direito mereciam.

> Há, portanto, dois mundos:
> o político e o social,
> ambos em conflito,
> lutando pelo igual.
> Os sofistas abrem brechas
> na contramão do oficial.

É o movimento sofista
que dá voz aos emergentes,
aos "novos-ricos" gregos
que se tornam interagentes
na formação do político
e na instrução das gentes.

    O bom é que este conflito
    vai gerar muitos debates
    entre os filósofos oficiais
    e os clandestinos no embate.
    A cidadania será assim:
    alguma coisa de combate.

O combate no sentido
de a vida melhorar,
na luta pelos direitos
de poder participar,
de ter voz ativa
e nas leis influenciar.

    Bem mais adiante na história,
    na ascensão da burguesia,
    o Estado Moderno se forma
    com outro foco de cidadania:
    a liberdade e a igualdade
    estão na pauta do dia.

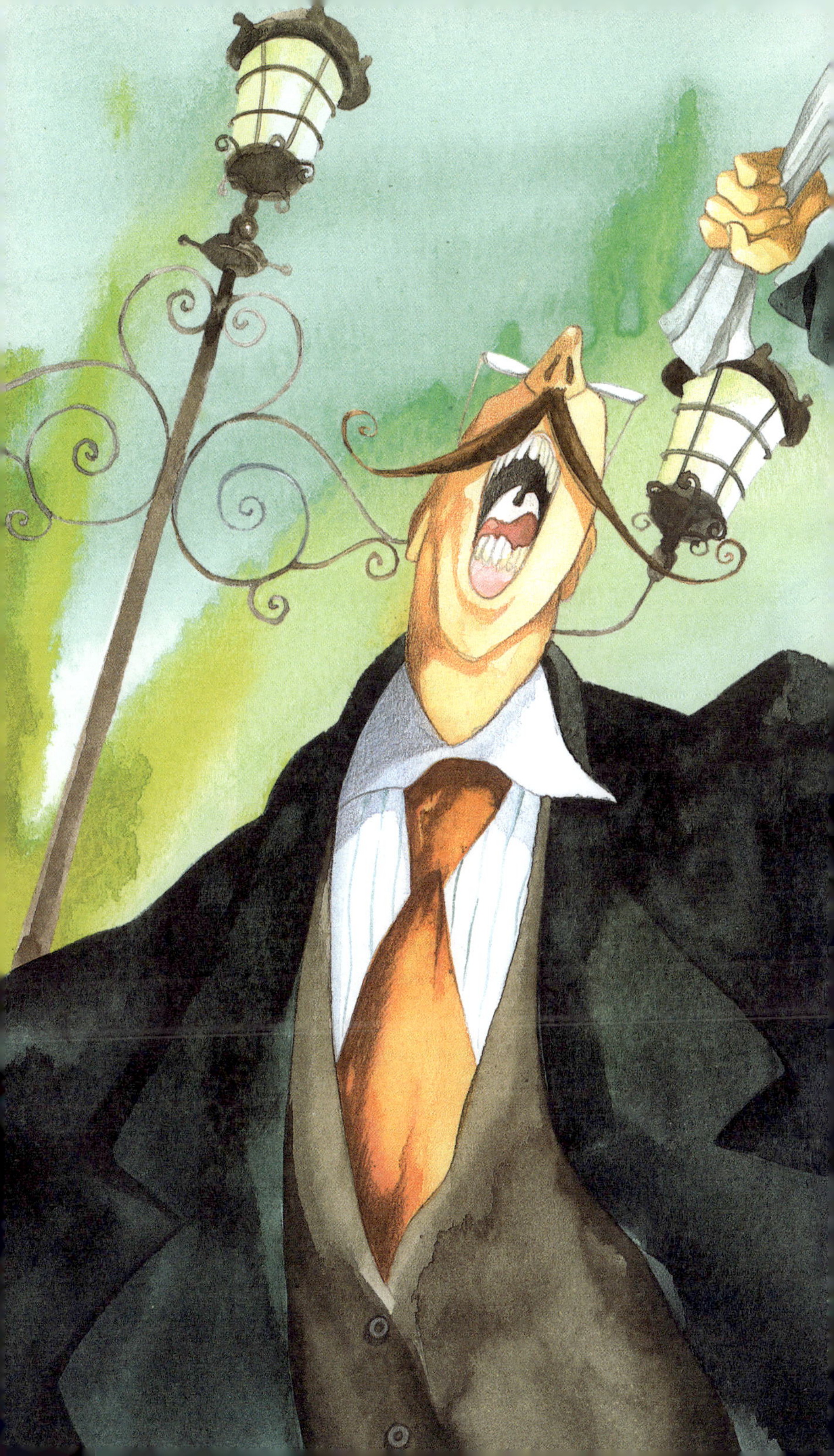

Mais uma vez a igualdade
é para um grupo somente,
a nobreza que já manda
e a burguesia ascendente.
Os pobres e miseráveis
não têm direito a ser gente.

        Há, portanto, um embate
        pela conquista do poder,
        nobreza e clero de um lado,
        seus privilégios querem reter.
        A burguesia, por sua vez,
        se prepara pra vencer.

A cidadania moderna está
vinculada ao Estado-nação.
É nele que a burguesia
encontra sua afirmação
como classe e com poder,
livre de subordinação.

        A cidadania moderna
        é privilégio de novo,
        a defesa da propriedade
        é uma das peças do jogo.
        A democracia é refém,
        quem mais padece é o povo.

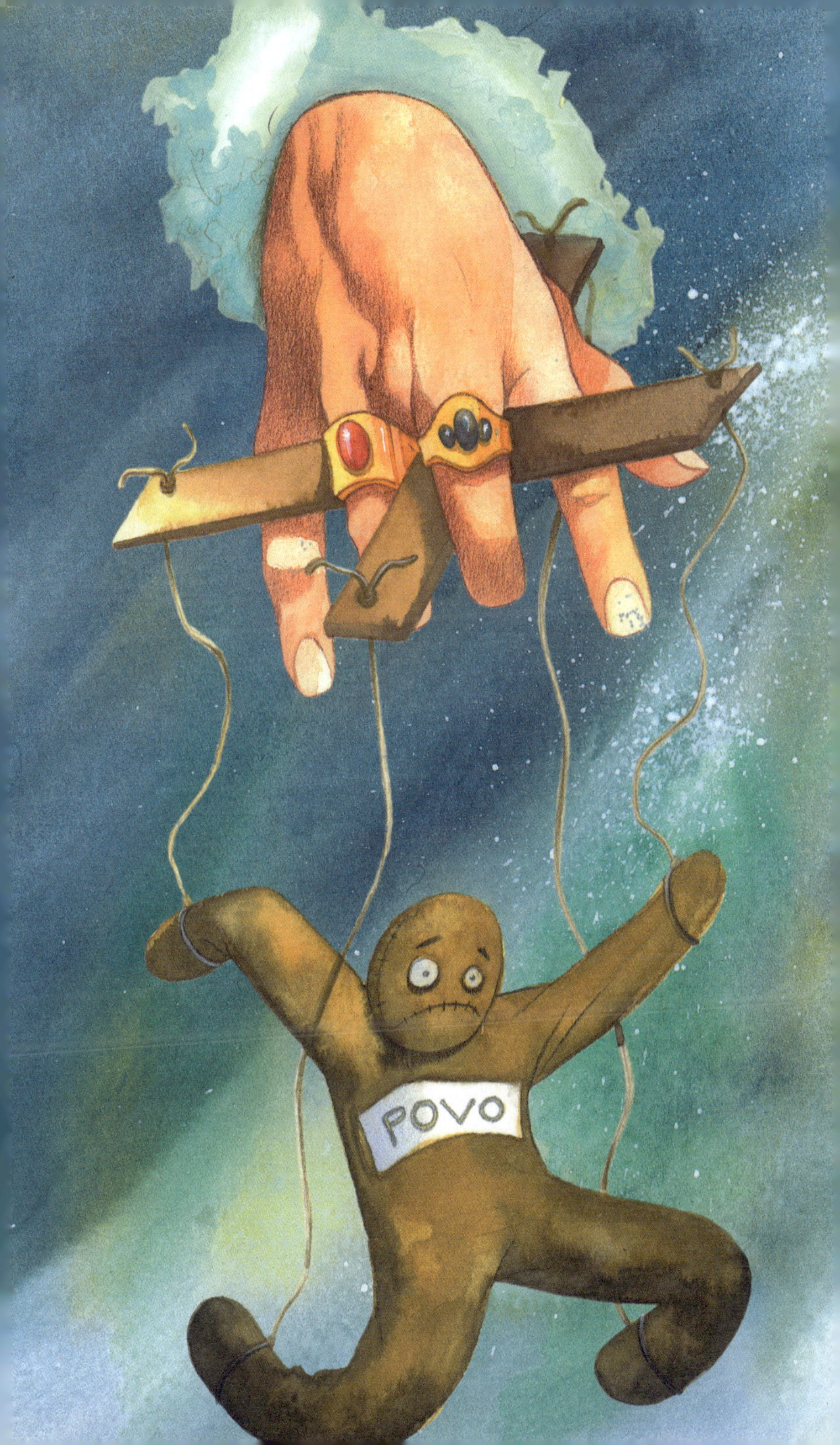
POVO

Por povo aqui se entende
os índios, negros, agricultores,
operários, mulheres, analfabetos,
que sempre suportam as dores
impostas pelos poderosos,
arrogantes e dominadores.

        Em vários momentos da história,
        houve esforço pra justificar
        que uns nasceram pra sofrer,
        outros para dominar.
        Alguns até com o direito
        de a muitos escravizar.

Olhemos nossa América
Latina, sofrida e pobre,
"desbravada" na maldade
pelo ouro, prata e cobre.
A ambição do europeu
não tinha nada de nobre.

        Nobre aqui no sentido
        de não merecer respeito,
        pois o estrago feito à vida
        dá até uma dor no peito.
        Mataram os nossos índios
        por ganância e preconceito.

Nosso chão ficou banhado
com o sangue inocente
de índios e negros escravos
e de nossa pobre gente,
sufocada pela força
do veneno da "serpente".

        A serpente era o europeu
        em seu afã de dominar,
        com métodos desumanos,
        na intenção de civilizar.
        Mas no fundo o interesse
        era o domínio espalhar.

O domínio de mão pesado,
de arma afiada e forte
gerou uma ferida aberta,
espalhou o medo, a morte
em nossa América Latina
fadou uma triste sorte.

        Embora a história destaque
        as vitórias do desbravador,
        se esqueça dos vencidos
        e até abafe seu clamor,
        a bravura dos oprimidos
        a esperança semeou.

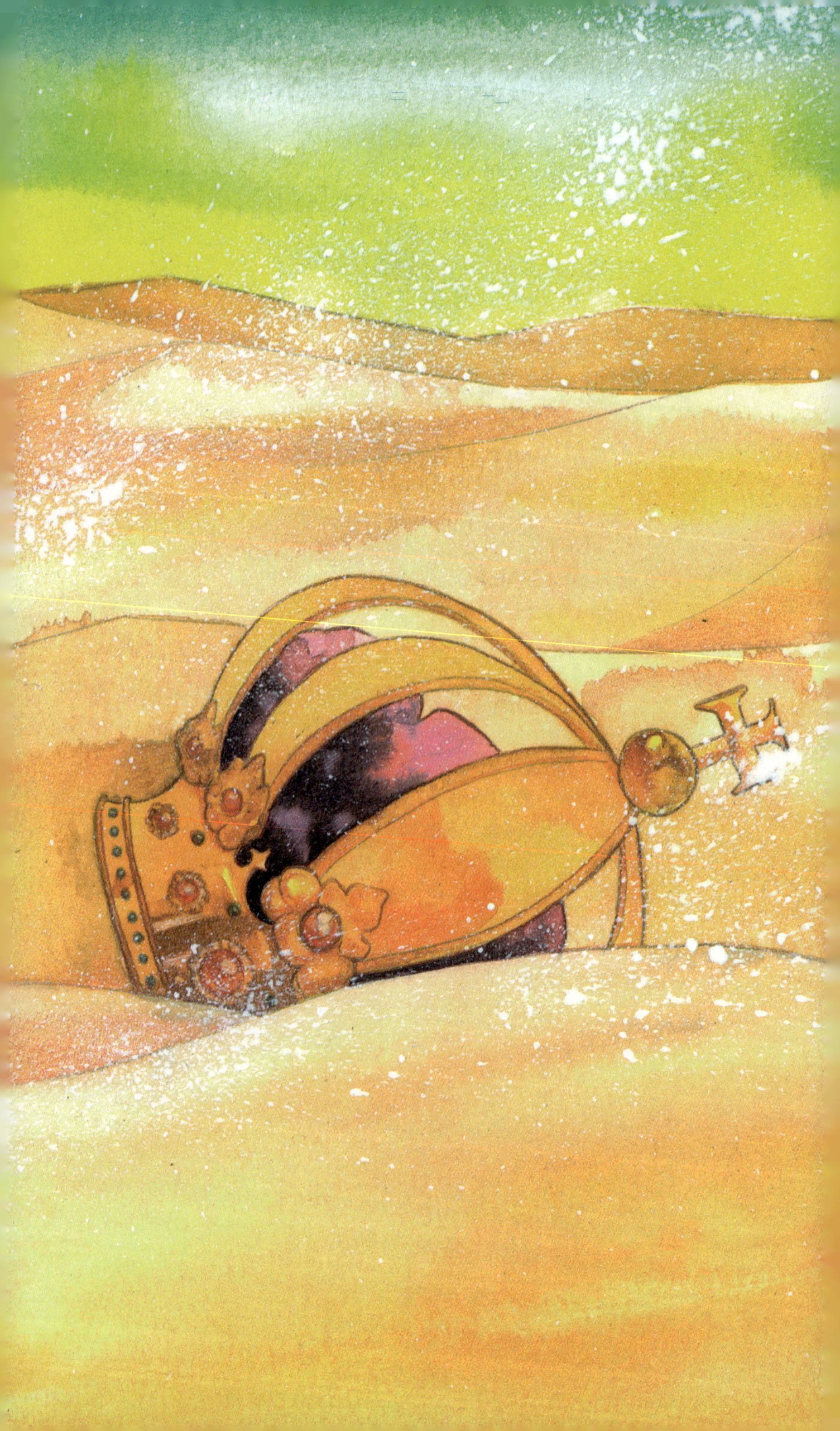

Porque a esperança é viva,
é uma virtude teimosa.
Ela alimenta no oprimido
uma utopia vitoriosa
de se livrar do opressor
e de sua força danosa.

        Na história da humanidade
        todo império um dia cai.
        Numa época uns são oprimidos,
        noutra, o poderoso se vai.
        Os papéis se invertem,
        a arrogância descai.

Em seus passos lentos
a história é mestra também.
Os pobres não nasceram
pra sempre dizer amém.
Se a riqueza é repartida,
todos podem viver bem.

        Ter direito a ter direito
        é o que a cidadania faz.
        Mas isso não cai do céu,
        não é de graça jamais.
        Houve luta e até mortes
        pela igualdade e a paz.

Muitas bandeiras erguidas
em nome da liberdade
espalharam medo e morte
em nome da igualdade.
Muitos tombaram no chão
gritando fraternidade.

        Feita no século dezoito,
        a Revolução Francesa
        por um lado abriu brechas,
        pra outros foi só tristeza:
        muito sangue derramado
        feito rio em correnteza.

Naquele momento histórico,
o mundo estava em ebulição.
Na Europa escorria sangue,
o clima era de revolução;
os déspotas destronados,
os franceses deram a lição.

        A Revolução Francesa
        foi um marco essencial,
        na luta pelos direitos
        em escala universal,
        considerando o homem
        perante todos igual.

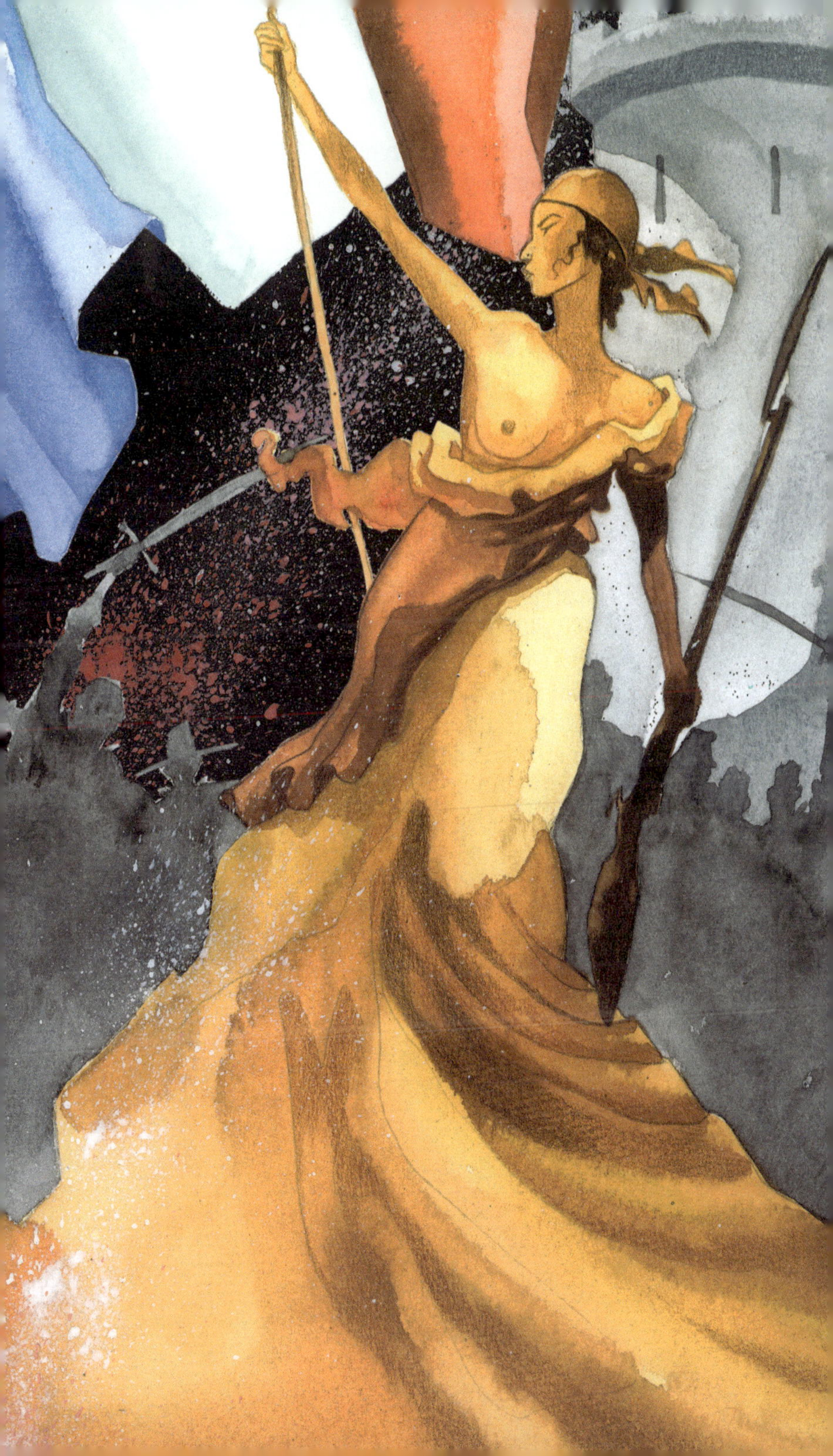

Todo homem nasce livre
e igual, a lei garante.
Mas isso só no papel,
na realidade tá distante.
Há multidão desprezada
pela classe dominante.

    Não é somente um grupo
    ou uma classe social,
    que deve ter a cidadania,
    mas é a pessoa como tal,
    que antes de qualquer coisa
    é um ser racional.

Um símbolo da cidadania
é o direito de votar,
de livremente escolher
alguém para governar:
a cidade, o estado, o país
com a missão de bem cuidar.

    No caminho da cidadania,
    no que se refere ao Brasil,
    nem sempre todos foram
    filhos da *pátria mãe gentil*.
    Os pobres foram largados
    debaixo do céu de anil.

Debaixo do céu de anil,
sem partilhar da riqueza,
sentindo cheiro de fartura,
amarrados na pobreza.
Os olhos turvos de fome,
com semblante de tristeza.

        A tristeza de apenas
        ver os grandes triunfar,
        de só ter "a terra nas unhas",
        não ter chão para plantar,
        trabalhando feito escravo
        na fazenda ou noutro lugar.

Pobres são os analfabetos,
os negros discriminados,
os indígenas sem apoio,
em sua cultura roubados.
Muitos homens e mulheres
nas ruas, abandonados.

        Os rostos desfigurados,
        são eles uma multidão
        de crianças e idosos,
        que vivem na precisão
        à mercê do sofrimento,
        esquecidos da Nação.

Aos pobres deste país
a cidadania foi negada,
desde a colonização,
uma elite abastada
concentra pão e cultura,
aos pequenos resta nada.

> Embora nem sempre haja
> pessoas honestas no poder,
> o certo é que o cidadão
> tem a chance de eleger
> o candidato que preze,
> e suas reclamações fazer.

Isso se dá quando o sujeito
vota sem constrangimento,
quando tem autonomia
de suas opções somente.
Não tá preso ao cabresto,
vai à urna livremente.

> Há sempre oportunidade
> em tempo de eleição,
> de o povo ir às urnas,
> em clima de decisão,
> eleger os dirigentes
> da nossa grande Nação.

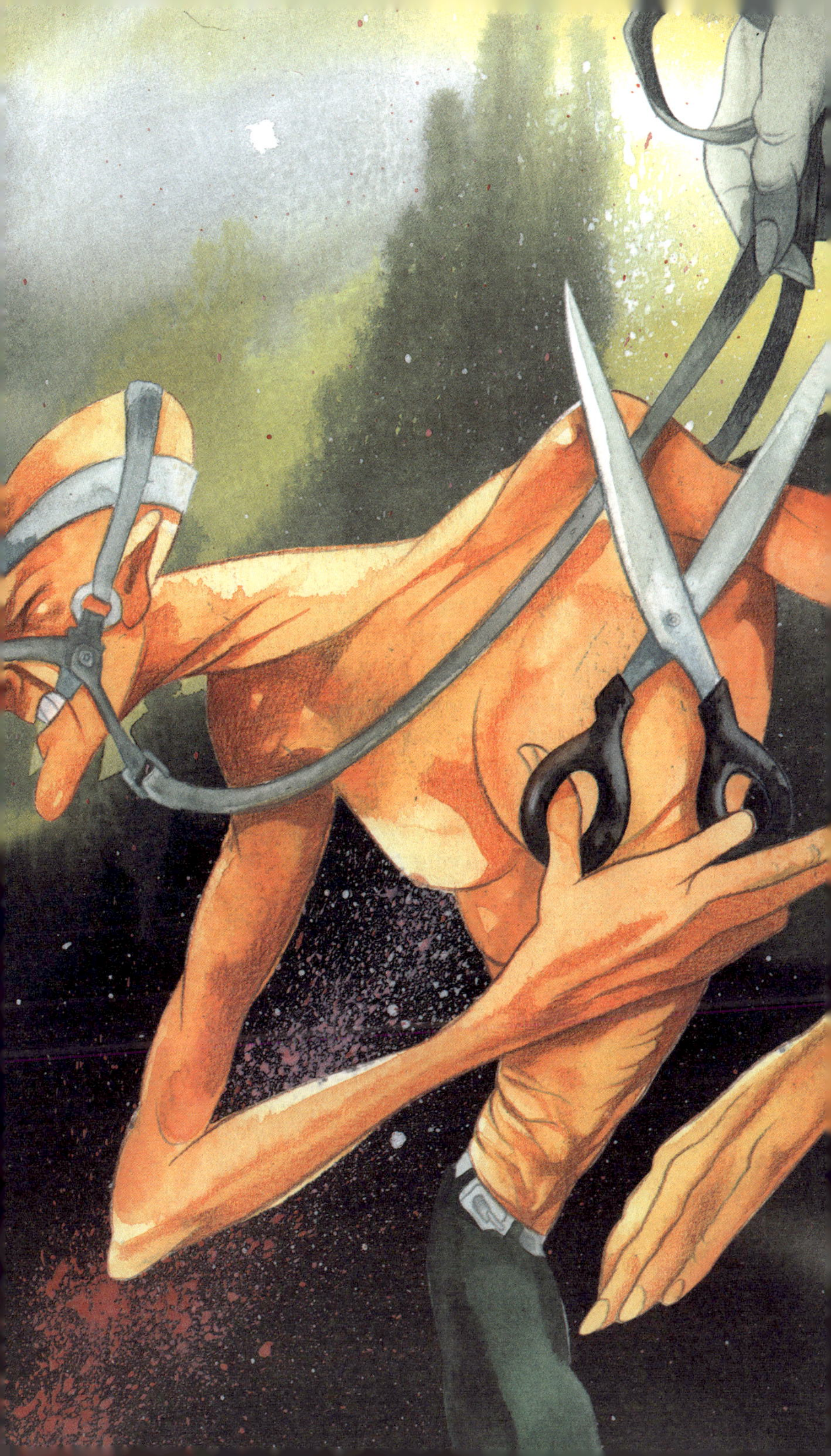

Além do voto na urna,
precisamos entender
que a política influencia
nosso modo de viver.
Se tivermos políticos bons,
é mais fácil de crescer.

> Sim, porque a política é
> a arte de bem governar;
> do município ao país,
> o bem comum administrar.
> Cria leis para a sociedade
> na função de legislar.

No país que bem se preze
na arte de governar,
criança não passa fome,
tem casa boa pra morar,
é protegida e amada,
e seu trabalho é brincar.

> Tendo políticos bons,
> a educação é de qualidade,
> a riqueza é bem repartida,
> com justiça e igualdade,
> a saúde não é privilégio,
> é direito da coletividade.

Mas há político falso,
corrupto e interesseiro,
que promete e não faz,
e pensa só em dinheiro.
Pra trabalhar é bem lento,
mas pra roubar é ligeiro.

        Político que não presta
        desvia a verba da merenda,
        compra carro importado,
        no interior tem fazenda;
        tudo com dinheiro roubado,
        deixando o povo sem renda.

Por isso é bom ser esperto
e não se deixar enganar,
conversar com toda a gente
sobre o direito de votar,
dialogar com a família
e não cansar de perguntar.

        Pois ainda há político sério
        que se pauta na verdade,
        escuta o clamor dos fracos
        e age com honestidade;
        sabe que democracia é
        o regime da igualdade.

Cidadania é o direito
de viver decentemente,
de expressar suas ideias,
ter moradia de gente,
estudar em escola boa,
conviver civilizadamente.

        A cidadania é um caminho,
        por ele vamos caminhar.
        Ninguém deve ficar fora,
        nada de discriminar!
        É um direito de todos
        pra viver bem e amar.

Todos juntos vamos nessa,
trabalhar pelas mudanças.
Nosso país pode ser melhor,
a cidadania ainda é criança.
Nossa bandeira é de paz,
sua marca é a esperança...

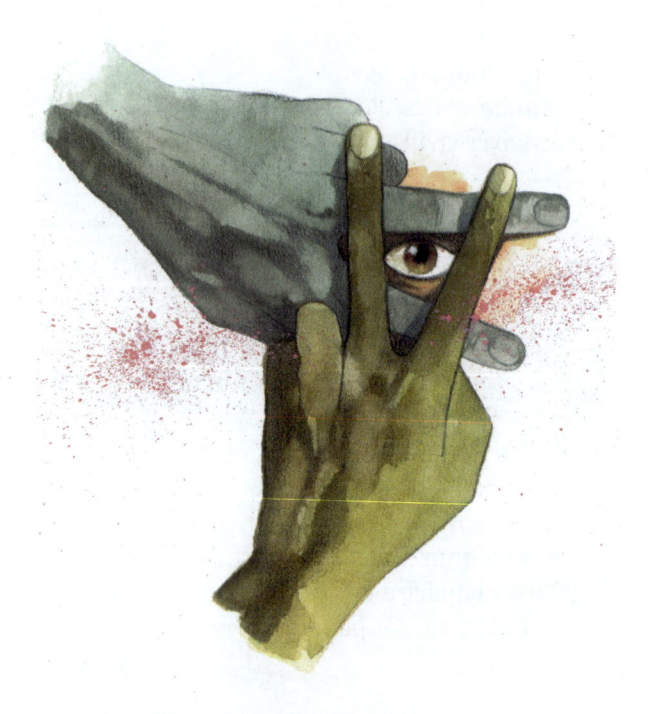

COLEÇÃO CORDEL

- *Canudos, o movimento e o massacre*, Nezite Alencar
- *Afro-Brasil em cordel*, Nezite Alencar
- *Cidadania em ritmo de cordel*, Antonio Iraildo Alves de Brito
- *A lenda do saci-pererê em cordel*, Marco Haurélio
- *Mitos e lendas do Brasil em cordel*, Nireuda Longobardi
- *Cordel das festas e danças populares*, Nezite Alencar
- *Ave viola, cordel da viola caipira*, Jorge Fernando dos Santos
- *Artes do caipora em cordel*, Marco Haurélio
- *Cordel da bola que rola*, Jorge Fernando dos Santos
- *A canção do tio Dito*, Marco Haurélio
- *Cordel do rio Chico*, Jorge Fernando dos Santos
- *A semente de pera mágica em cordel*, Nireuda Longobardi
- *Cordel camará: a história e as lendas da capoeira*, Jorge Fernando